mo

韓国語会話

INTRODUCTION

はじめに

안녕하세요!（アンニョンハセヨ）

『mofusandの韓国語会話』を手にとっていただき、ありがとうございます。

本書は、とってもキュートでちょっとシュールなもふもふのにゃんこたちといっしょに楽しく韓国語を学ぶことができる本です。

mofusandのにゃんこたちが過ごす毎日を、シンプルな韓国語フレーズで表現しました。

韓国に旅行に行ったとき、韓国語で話しかけられたとき、SNSで韓国語を使って気持ちを伝えたいとき…。

もふもふのにゃんこたちといっしょに学んだフレーズが役に立つときがきて、

韓国語で表現をする楽しさを味わっていただけたら、とてもうれしいです。

この本の表記について

● 韓国語の文字であるハングルは、子音と母音の組み合わせです。하 ha＝「h＋a」や 기 ki＝「k＋i」のように、「子音＋母音」の組み合わせのものや、산 san＝「s＋a＋n」のように、「子音＋母音＋子音」の組み合わせがあります。３文字の組み合わせで、一番最後に来る子音のことを「終声」と言います。この本では、日本語の音にない終声の発音をカタカナで表示する際、小さいカタカナで表しています。小さいカタカナで記される終声は以下の通りです。

	ㄱ k → ク	ㄹ l → ル	ㅁ m → ム	ㅂ p → プ
例	ヨㇰ 역 ［ 駅 ］	オヌㇽ 오늘 ［ 今日 ］	アチㇺ 아침 ［ 朝 ］	パㇷ゚ 밥 ［ ご飯 ］

● 韓国語には「発音変化」という、文字が持つ音の通りに発音しない現象があります。発音変化が起こった場合は、その変化した音をカタカナで表示します。

● 日本語と韓国語は語順がほぼ同じです。日本語訳と韓国語を比べると、「この日本語は韓国語でこう言う」と分かるものがほとんどですが、意訳している場合はその限りではありません。

● この本では、友達同士で使う口語の表現と、ていねいな表現を織り交ぜて紹介しています。韓国語の表現に合わせて、日本語訳も口語の表現とていねいな表現を使い分けています。使う相手に合わせてしっかり確認して使いましょう。

CONTENTS

もくじ

HOW TO USE

本書の使い方

POINT

音声のトラック
番号です。

| おつかれさま |

수고했어

スゴヘッソ

Track 005

수고(スゴ)は「苦労、手間」という意味です。これからがんばる用事がある人に対して、수고～（おつ～＝がんばって～）と言うこともあります。

수고했어.
おつかれさま。

너도 고생 많았어.
あなたも大変だったね。

POINT
고생 많았어(コセン マナッソ)は、直訳すると「苦労が多かった」です。수고 많았어(スゴ マナッソ)と言ってもいいでしょう。

14

POINT

mofusandの
にゃんこたちの
様子を、シンプル
な韓国語フレー
ズで表現してい
ます。音声を聞
きながら、韓国
語を読んでみま
しょう。

POINT

会話のやりとりの例を
掲載しています。

POINT

かんたん解説と韓国語の豆知識で、
楽しくフレーズを覚えられます。

DOWNLOAD

音声ダウンロードの方法

以下のURL、もしくは二次元コードから音声をダウンロードして、ネイティブの発音を聞いてみましょう。YouTubeでも音声を聞くことができます。

無料音声（MP3形式）

https://liberalsya.com/mofusand-voice_dl2/

無料音声（YouTube）

https://youtu.be/QpH0jeoJP58

※パソコンやスマホなどからアクセスできます。
※圧縮されたZIP形式としてダウンロードされますので、ソフトやアプリ等で解凍してからご利用ください。

パソコンの場合

①https://liberalsya.com/mofusand-voice_dl2/ にアクセスし、ダウンロードしたい章をクリック。

②ダウンロードフォルダ内にファイルが保存されます。

スマホの場合

■ 方法1

①お使いのインターネットブラウザを起動し、https://liberalsya.com/mofusand-voice_dl2/ にアクセス。

②ダウンロードしたい章をタッチ。

③ダウンロードが完了すると、スマホの最新情報の欄に完了のお知らせが表示されます。

※注意：設定によりファイルが格納されるフォルダが違います。

■ 方法2

①カバーのそで部分（カバー裏から本の内側に折り込まれている部分）についている二次元コードを読み込む。

②ダウンロードサイトに移動しますので、ダウンロードしたい章をタッチ。あとは方法1と同様です。

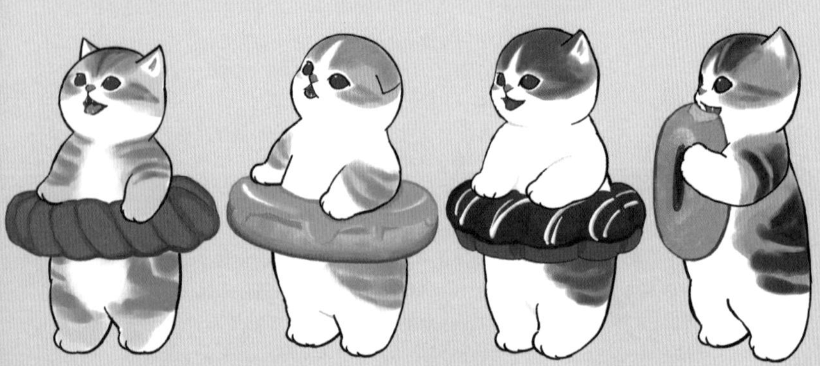

1

あいさつ

인사말
インサマル

初めて会う相手に、なかよしの友達に…
いろいろな場面で使えるあいさつのフレーズです。

[おはよう！]

좋은 아침!

チョウン　アチム

Track 001

直訳すると「良い朝」という意味です。目上の人には좋은 아침입니다（チョウン アチミムニダ）と言いましょう。

チョウン　アチム

좋은 아침!

おはよう！

オジェヌン　チャル　チャッソ

어제는 잘 잤어?

昨日はよく寝た？

POINT

「よく寝た」は잘 잤어（チャル チャッソ）、「ぐっすり寝た」は푹 잤어（プク チャッソ）です。어제（オジェ）名 昨日

[ありがとう]

고마워

コマウォ

Track 002

고마워（コマウォ）は親しい相手に使う「ありがとう」。ていねいに言うときは감사합니다（カムサハムニダ）を使います。

コマウォ
고마워.
ありがとう。

ムォル イ チョンドロ
뭘 이 정도로.
いえいえ。

POINT

뭘 이 정도로（ムォル イ チョンドロ）は、直訳すると「何をこの程度で」という意味です。

[おやすみ]

잘 자
チャル　チャ

Track 003

잘（チャル）は「よく、上手に、うまく」という意味です。直訳すると「よく寝て」という意味で、「おやすみなさい」と同じ意味で使われます。

チャル　チャ
잘 자.
おやすみ。

ウン　ノド　チャル　チャ
응, 너도 잘 자.
うん、君もおやすみ。

POINT

目上の人には안녕히 주무세요（アンニョンヒ チュムセヨ）と言います。

[いい夢見てね]

좋은 꿈 꿔

チョウン　クム　クォ

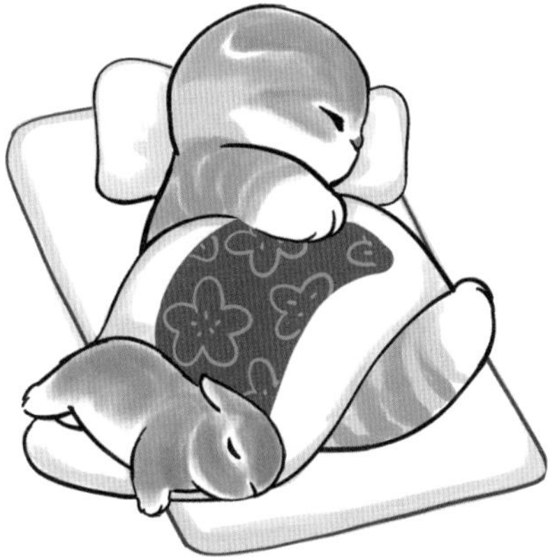

Track 004

잘 자(チャル チャ)とセットで使われることの多いフレーズです。恋人同士なら、내 꿈 꿔(ネ クム クォ／私の夢を見てね)と言うことも。

チョウン　クム　クォ
좋은 꿈 꿔.
いい夢見てね。

トェジックム　クゴ　シプタ
돼지꿈 꾸고 싶다.
ブタの夢が見たいな。

POINT

韓国では돼지꿈(トェジックム／ブタの夢)を見ると、宝くじに当たるといわれています。

[おつかれさま]

수고했어

スゴヘッソ

Track 005

수고(スゴ)は「苦労、手間」という意味です。これからがんばる用事がある人に対して、수고～（おつ～＝がんばって～)と言うこともあります。

スゴヘッソ
수고했어.
おつかれさま。

ノド　コセン　マナッソ
너도 고생 많았어.
あなたも大変だったね。

POINT

고생 많았어(コセン マナッソ)は、直訳すると「苦労が多かった」です。수고 많았어(スゴ マナッソ)と言ってもいいでしょう。

[お世話になりました]

그동안 감사했습니다

クドンアン　カムサヘッスムニダ

Track 006

直訳すると「その間、ありがとうございました」という意味です。お世話になった人にこう伝えると自然です。

クドンアン　カムサヘッスムニダ

그동안 감사했습니다.

お世話になりました。

チョヤマルロ

저야말로.

私の方こそ。

POINT

저야말로（チョヤマルロ）は「こちらこそ」と訳すこともできます。

［ いただきます！ ］

잘 먹을게요!

チャル　モグルケヨ

Track 007

直訳すると「よく（おいしく）食べますね！」です。

オヌルン　ネガ　ソンダ

오늘은 내가 쏜다!

今日は私のおごり！

チャル　モグルケヨ

잘 먹을게요!

いただきます！

POINT

내가 쏜다（ネガ ソンダ／私がおごる）、내가 쏠게（ネガ ソルケ／私がおごるね）のように言います。

[ごちそうさま！]

잘 먹었어요!

チャル　モゴッソヨ

Track 008

これは「よく（おいしく）食べました！」です。ごはん屋さんを出るときや、ごちそうしてもらったときに、こう言ってみましょう。

チャル　モゴッソヨ
잘 먹었어요!
ごちそうさま！

イムマセ　マジャッソヨ
입맛에 맞았어요?
お口に合いましたか？

POINT

입맛에 맞다（イムマセ マッタ）で「口に合う」という意味。「口に合わない」は입맛에 안 맞다（イムマセ アン マッタ）と言います。 입（イプ） 名 口

[行ってきます！]

다녀올게요!

タニョオルケヨ

Track 009

同じ意味で갔다 올게요!（カッタ オルケヨ）という言葉もよく使います。

タニョオルケヨ
다녀올게요!
行ってきます！

クレ　チョシメソ　タニョワ
그래, 조심해서 다녀와!
うん、気をつけてね！

POINT

조심해서 다녀와（チョシメソ タニョワ）は、行って戻ってくる人に対して言う言葉。別れの場面では조심해서 가（チョシメソ カ／気をつけて帰ってね）と言います。

［ さようなら～ ］

안녕～

アンニョン

Track 010

안녕（アンニョン）は便利なあいさつ言葉。さようなら以外に、おはよう、こんにちは、こんばんは、などのあいさつも、ぜんぶ안녕でOKです。

アンニョン
안녕～.
さようなら～。

ネイル　マンナジャ
내일 만나자～.
明日会おう～。

POINT

내일 만나자（ネイル マンナジャ）と同じ意味で、내일 보자（ネイル ポジャ）もよく使います。 내일（ネイル） 名 明日

[おかえり]

다녀왔어?

タニョワッソ

Track 011

直訳すると「行ってきた？」ですが、実際に質問しているわけではないので、응（ウン／うん）や네（ネ／はい）と返します。

タニョワッソ
다녀왔어?
おかえり。

ウン　オヌルン　カルトェグネッソ
응, 오늘은 칼퇴근했어~.
うん、今日は定時退社だった～。

POINT

칼퇴근（カルトェグン）は直訳すると「刀退勤」。ナイフのような鋭利さで退社することから、こう言われています。퇴근（トェグン） 名 退勤

[元気？]

잘 지내?

チャル　　チネ

Track 012

久しぶりに会った友達に使うフレーズで、直訳すると「よく（元気に）過ごしてる?」です。잘 있었어?（チャル イッソッソ／元気でいた?）もよく使います。

チャル　チネ
잘 지내?
元気？

クロム　チャル　チネジ
그럼, 잘 지내지.
もちろん、元気で過ごしてるよ。

POINT

그럼(クロム)は「もちろん」の意味。그럼だけでも使うことができます。

［ お会いできてうれしいです ］

만나서 반가워요

マンナソ　パンガウォヨ

Track 013

初めて会ったときに使うフレーズです。久しぶりに会えてうれしいときは반가워요(パンガウォヨ)、友達同士では반가워(パンガウォ)と言うこともあります。

マンナソ　パンガウォヨ
만나서 반가워요.
お会いできてうれしいです。

チョウム　プェプケッスムニダ
처음 뵙겠습니다.
はじめまして。

POINT

目上の人に対しては、少し長いですが만나 뵙게 되어 반갑습니다(マンナ プェプケトェオ パンガプスムニダ／お会いできてうれしいです)と言います。

［ よろしくおねがいします ］

잘 부탁드립니다

チャル　　　　　　　プタㇰトゥリㇺニダ

Track 014

부탁드립니다（プタㇰトゥリㇺニダ）は부탁（プタㇰ／おねがい）と드립니다（トゥリㇺニダ／申し上げます）からなる、とてもていねいなフレーズです。

チャル　プタㇰトゥリㇺニダ

잘 부탁드립니다.

よろしくおねがいします。

ネ　チョヤマルロ　チャル　プタㇰトゥリㇺニダ

네, 저야말로 잘 부탁드립니다.

はい、こちらこそよろしくおねがいします。

POINT

ていねいでやわらかい表現の부탁해요（プタケヨ／おねがいします）や、友達に使える부탁해（プタケ／おねがい）があります。

[誕生日おめでとう！]

생일 축하해!

センイル　　チュカヘ

Track 015

생일（センイル）は「誕生日」、축하해（チュカヘ）は「おめでとう」です。略して생축!（センチュク／おたおめ！）という言葉もあります。

センイル　チュカヘ
생일 축하해!
誕生日おめでとう！

チュカヘ　ジュォソ　コマウォ
축하해 줘서 고마워~.
お祝いしてくれてありがとう～。

POINT

추카추카（チュカチュカ）は축하해（チュカヘ）の意味で使われる若者言葉で、SNS上ではㅊㅋㅊㅋと書かれているのもよく見られます。

[乾杯！]

짠!

チャン

Track 016

日本同様に건배!(コンベ／乾杯！)もよく使いますが、親しい人との飲み会では짠!(チャン)もとてもよく使う表現です。かわいく짠!と言ってみてください。

チャナジャ
짠하자!
乾杯しよう！

チャン
짠!
乾杯！

POINT

짠(チャン)はグラスが鳴るときの「チン」という音を表しています。

［ お～ね～が～い～ ］

제발요~

チェバルリョ

Track 017

제발（チェバル）は「どうか、なにとぞ」という意味で単独でも使われますが、제발 부탁해요（チェバル プタケヨ／どうかおねがい）のように使うこともよくあります。

チェバルリョ
제발요~.
お～ね～が～い～。

イボンマン ポァジュヌン ゴダ
이번만 봐주는 거다?
今回だけだよ？

POINT

봐주는 거다（ポァジュヌン ゴダ）の元である봐주다（ポァジュダ）は「大目に見る、見逃してあげる」という意味です。

［ はい、わかりました！ ］

네, 알겠습니다!

ネ　アルゲッスムニダ

Track 018

「はい！承知いたしました」のような、かしこまったニュアンスのフレーズです。もう少しやわらかく言うときは네, 알겠어요（ネ アルゲッソヨ）と言いましょう。

ヨギソ　キダリョ
여기서 기다려.
ここで待っててね。

ネ　アルゲッスムニダ
네, 알겠습니다!
はい、わかりました！

POINT

「いいえ、わかりません」は아뇨, 모르겠습니다 / 모르겠어요（アニョ モルゲッスムニダ／モルゲッソヨ）と言います。

[ひさしぶりだね！]

오랜만이야!

オレンマニヤ

Track 019

오랜만（オレンマン）は「ひさしぶり」という意味で、오랜만에（オレンマネ／ひさしぶりに）、오랜만이라（オレンマニラ／ひさしぶりなので）のように応用して使えます。

오랜만이야!（オレンマニヤ）

ひさしぶりだね！

와～! 이게 얼마 만이야?（ワ～! イゲ オルマ マニヤ?）

わ～！ これって、いつぶり？

POINT

目上の人などに、ていねいな言葉を使うときは오랜만이에요（オレンマニエヨ）、오랜만입니다（オレンマニムニダ）と言います。

［ またね～ ］

또 보자~

ト　ポジャ

Track 020

直訳すると「また会おう～」で、翌日また会うような相手にではなく、次会えることをねがっての別れのあいさつです。

ト　ポジャ

또 보자~.

またね～。

トチャカミョン　ヨルラケ

도착하면 연락해~.

着いたら連絡してね～。

POINT

韓国では、いっしょにあそんだ相手が無事に家に到着したかを確認するために、よく도착하면 연락해（トチャカミョン ヨルラケ）と言います。

[ごめんね]

미안해

ミアネ

Track 021

ていねいに「ごめんなさい」と言うときは미안합니다（ミアナムニダ）/ 미안해요（ミアネヨ）、友達には軽く미안 미안(ミアン ミアン／ごめんごめん)と言います。

ミアネ
미안해.
ごめんね。

クェンチャナ
괜찮아.
大丈夫。

POINT

괜찮아?（クェンチャナ／大丈夫？）、괜찮아요(クェンチャナヨ／大丈夫です)など、覚えておくと便利です。

［ お幸せに！ ］

행복하길!

ヘンボカギル

Track 022

結婚式などで新郎新婦にも言えますし、別れ際に相手の幸せを願ってのあいさつとしても使えます。

ヘンボカギル
행복하길!
お幸せに！

チャル　サルケヨ
잘 살게요!
幸せに暮らします！

POINT

잘 살게요（チャル サルケヨ）は直訳すると「幸せに暮らします」です。잘살게요（チャルサルケヨ）とスペースなしで書くと「裕福に暮らします」という意味になります。

にゃんことあそぼう

コヤンイラン ノルジャ
고양이랑 놀자

コムピュト ウィエソ チャムル チャヨ
컴퓨터 위에서 잠을 자요.
パソコンの上で眠ります。

「パソコン」は컴퓨터（コムピュト）と言います。「ノートパソコン」は노트북（ノトゥブク）と言います。

チョンイ バクス アニ チョア
종이 박스 안이 좋아♪
段ボールの中がお気に入り♪

「段ボール」は종이 박스（チョンイ バクス）。종이（チョンイ／紙）＋박스（バクス／ボックス）からなる言葉です。박스（バクス）とだけ言っても通じます。

ナクシッテルル アジュ チョアヘヨ
낚싯대를 아주 좋아해요.
猫じゃらしが大好きです。

猫のおもちゃである「猫じゃらし」は낚싯대（ナクシッテ／釣竿）と言いますが、日本で「猫じゃらし」と呼ばれている植物は강아지풀（カンアジプル）、直訳すると「子犬草」と呼びます。

イブレ　クックギ　ハゴ　イッソヨ

이불에 꾹꾹이 하고 있어요.

お布団をふみふみしています。

「ふみふみすること」を꾹꾹이（クックギ）と言います。布団を「ちゅぱちゅぱすること」は쭙쭙이(チュプチュピ)と言います。

スダムスダム　ヘ　ジュオ

쓰담쓰담 해 줘.

なでなでして。

쓰담쓰담（スダムスダム／なでなで）は「なでる」という意味の쓰다듬다（スダドゥムタ）という言葉から生まれました。

オドゴドク　サリョヌン　イジェ　チギョウォヨ

오독오독 사료는 이제 지겨워요.

かりかりご飯はあきました。

오독오독（オドゴドク）は「カリカリ」という音を表す言葉。「ドライフード」は건식 사료（コンシク サリョ／乾式飼料）、「ウエットフード」は습식 사료(スプシク サリョ／湿式飼料)と言います。

Track
C-2

にゃんこの基本情報

コヤンイ キボンジョンボ
고양이 기본정보

日本語でも「猫」「にゃんこ」のようないろいろな呼び方があるように、韓国語にもあります。鳴き声や柄を表す言葉も見てみましょう。

猫の呼び方	猫	고양이（コヤンイ）
	にゃんこ	야옹이（ヤオンイ）
	にゃんにゃん	냥이（ニャンイ）
猫の鳴き声	にゃん	야옹（ヤオン）
	にゃーにゃー	야옹야옹（ヤオンヤオン）
猫の種類	長毛種	장모종（チャンモジョン）
	短毛種	단모종（タンモジョン）
	三毛猫	삼색 고양이（サムセク コヤンイ） ＊삼색（サムセク／3色）＋고양이（コヤンイ／猫）
	茶トラ	치즈 태비（チジュ テビ） ＊치즈（チジュ／チーズ）＋태비（テビ／ tabby＝トラ猫）
	サバトラ	고등어 태비 （コドゥンオ テビ） ＊고등어（コドゥンオ／サバ）＋태비（テビ／ tabby）
	はちわれ	턱시도 고양이（トクシド コヤンイ） ＊턱시도（トクシド／タキシード）＋고양이（コヤンイ／猫）
	サビ猫	카오스 고양이（カオス コヤンイ） ＊카오스（カオス／カオス）＋고양이（コヤンイ／猫）
	黒猫	깜고（カムゴ）、깜냥이（カムニャンイ） ＊까만 고양이（黒い猫）、까만 냥이（黒いにゃんにゃん）の略

2

きもち

기분

うれしくなったり、落ち込んだり、ドキドキしたり。
感情を口にしたくなる瞬間がいっぱいの毎日に、
今すぐ伝えたい！に応える、きもちを表すフレーズをあつめました。

[やった～！]

아싸～!

アッサ

Track 023

「ラッキー！」「よっしゃ！」のように、良いことがあったときに使える万能な感嘆詞です。

ネイルブト パンハギヤ
내일부터 방학이야!
明日から休みだ！

アッサ
아싸～!
やった～！

POINT

방학（パンハク）は学校の長期休みを意味します。

[よかったね！]

다행이다!

タヘンイダ

Track 024

ハラハラ、ドキドキな事態を無事に乗り切ったときに使います。そんな相手に「本当によかったね！」と伝えたいときは정말 잘됐다!(チョンマル チャルドェッタ)と言いましょう。

タヘンイダ
다행이다!
よかったね！

チョンマル　チャルドェッタ
정말 잘됐다!
本当によかったね！

POINT

ひとりごとのように휴...다행이다(ヒュ タヘンイダ／あーよかった)と言うこともできます。

[愛してる]

사랑해

サランへ

Track 025

사랑해（サランへ／愛してる）は、韓流ドラマでおなじみのフレーズですが、日本語の「愛してる」よりは少し軽い「大好き！」のような意味で友達・家族にも使えます。

サランへ
사랑해.
愛してる。

ナド　サランへ
나도 사랑해.
私／僕も愛してる。

POINT

「好きです」は좋아해요（チョアヘヨ）と言います。愛情表現だけでなく、物に対しても使うことができます。

［ これがいい！ ］

이게 좋아!

イゲ　チョア

Track 026

좋아（チョア）は「良い」という意味です。SNSで押す「いいね！」ボタンは좋아요!（チョアヨ）です。

オットン　ゴルロ　ハルレ
어떤 걸로 할래?
どれにする？

イゲ　チョア
이게 좋아!
これがいい！

POINT

이게（イゲ／これが）の他に、그게（クゲ／それが）、저게（チョゲ／あれが）があります。

[困ったな]

곤란하네

コルラナネ

Track 027

直訳すると「困難だね」です。곤란한 질문（コルラナン チルムン／困難な質問＝回答に困る質問）、곤란한 상황（コルラナン サンファン／困難な状況＝困った状況）のようにも使います。

ウェ アン ポッキョジジ
왜 안 벗겨지지?
どうして脱げないのかな？

コルラナネ
곤란하네.
困ったな。

POINT
日本語の「困難」を韓国語で言うときは곤란（コルラン）ではなく어려움（オリョウム／難しさ）と言うので、混乱しないようにしましょう。

[どうしてしょぼんとしているの？]

왜 시무룩해?

ウェ　シムルケ

Track 028

시무룩（シムルㇰ）は、がっかりしてしょぼんとしている姿や、不満がありむすっとしている状態を表す言葉です。ちなみに「しょぼんとした表情」は시무룩한 표정（シムルカン ピョジョン）と言います。

ウェ　シムルケ

왜 시무룩해?

どうしてしょぼんとしているの？

ピゴネソ　クレ

피곤해서 그래.

疲れてるんだよ。

POINT

「（あなたには）失望した」と直接的にがっかりした感情を伝えるときには실망이야（シルマンイヤ）と言います。실망（シルマン）が「失望」です。

[びっくりした～]

깜짝이야～

カムチャギヤ

Track 029

おどろいたときに反射的に出る言葉です。깜짝아（カムチャガ）と言うこともあります。깜짝（カムチャク）は「びっくり」という意味で、깜짝 놀랐어요（カムチャン ノルラッソヨ／びっくりおどろきました）のように使います。

カムチャギヤ
깜짝이야～.
びっくりした～。

ノルラッチ
놀랐지!?
おどろいたでしょ!?

POINT

어머!（オモ／まあ!）は、女性がおどろいたときに言う感嘆詞です。「あらまあどうしましょう」というニュアンスで어머 어머（オモ オモ）と続けて言うことも。

[怪しい…！]

수상한데…!

スサンハンデ

Track 030

隠し事をしていたり、しらを切ったりしている相手に言う言葉です。수상하다(スサンハダ)は「怪しい」という意味で、뭔가 수상해…（ムォンガ スサンヘ／なにか怪しい）のように使うこともできます。

スサンハンデ
수상한데…!
怪しい…！

クロン サイ アニヤ
그런 사이 아니야~.
そんな仲じゃないよ～。

POINT

日本語で「なにか怪しい匂いがするな」と言うように、韓国語でも수상한 냄새가 나는데?(スサンハン ネムセガ ナヌンデ／怪しい匂いがするな)と言います。

［ がんばる！ ］

힘내 보자!

ヒムネ　ボジャ

Track 031

自分自身にも、そして友達にも「がんばろう！」の意味でも使うことができる言葉です。「ファイト！」は파이팅!（パイティン）と言いますが、これを使って파이팅하자!（パイティンハジャ／ファイトしよう！＝がんばろう！）とも言えます。

ヒムネ　ボジャ

힘내 보자!

がんばる！

パイティン

파이팅!

ファイト！

POINT

파이팅（パイティン）は、화이팅（ファイティン）と言うこともよくあります。

[何もしたくないの]

아무것도 하기 싫어

アムゴット　ハギ　シロ

Track 032

하기 싫어（ハギ シロ）は「するのがいやだ」という意味です。応用して가기 싫어（カギ シロ／行きたくない）、일하기 싫어（イラギ シロ／仕事したくない）といった表現があります。

アムゴット　ハギ　シロ

아무것도 하기 싫어.

何もしたくないの。

オヌルン　チョム　シュィジャ

오늘은 좀 쉬자.

今日はちょっと休もう。

POINT

語尾に자（ジャ）が付いている文は「～しよう」と誘っている表現です。쉬자（シュィジャ／休もう）、가자（カジャ／行こう）、먹자（モクチャ／食べよう）のように使えます。

[超うれしい！]

완전 기뻐!

ワンジョン　　キッポ

Track 033

韓国語の기뻐（キッポ／うれしい）は、日本語の「うれしい」よりも重みのある言葉です。合格、結婚など人生にまつわるうれしいことに使う傾向があります。日常的な「うれしい」は좋아(チョア)（P.39)を使います。

ノ　チュリョゴ　チュンビハン　ゴヤ

너 주려고 준비한 거야.

君にあげようと準備したんだ。

ワンジョン　キッポ

완전 기뻐!

超うれしい！

POINT

완전(ワンジョン)は「完全」を意味し、「本当に、とても」の意味で、若い世代がこの완전をよく使います。

［ かわいい～ ］

귀여워～

クィヨウォ

Track 034

「かわいい～」を表す韓国語には귀여워（クィヨウォ）と예뻐（イェッポ）があります。예뻐は主に外見を表すのに対し、귀여워は外見だけでなく、性格や行動にも使うことができます。

クィヨウォ
귀여워~.
かわいい～。

ヨジュム　ユヘンハヌン　ゴレ
요즘 유행하는 거래.
最近、流行ってるんだって。

POINT

「ハンサムだ」は잘생겼어（チャルセンギョッソ）、外見以外にも性格や行動が「かっこいい」ときは멋있어（モシッソ）を使います。

[ドキドキする…]

떨려…

トルリョ

Track 035

直訳すると「震える」です。「緊張でドキドキする」という意味で使います。「緊張する」という意味の긴장된다(キンジャンドェンダ)も同じように使えます。

トルリョ
떨려….
ドキドキする…。

クェンチャヌル　コヤ
괜찮을 거야.
きっと大丈夫だよ。

POINT

가슴이 떨려(カスミ トルリョ／胸がドキドキする)、손이 떨려(ソニ トルリョ／手が震える)のように使うことができます。

[どうしよう?!]

어쩌지?!

オッチョジ

Track 036

何か問題を解決しなくてはいけない状況で使える表現です。同じ意味で어떡하지?!（オットカジ）、어떡해?!（オットケ）とも言います。

オッチョジ
어쩌지?!
どうしよう?!

パンボビ　オムネ
방법이 없네.
どうもできないね。

POINT

방법이 없네（パンボビ オムネ）は直訳すると「方法がないね」です。「仕方ないね」は어쩔 수 없네（オッチョル ス オムネ）と言います。

[さみしいよ]

쓸쓸해

スルスレ

Track 037

「さみしい」にはいろいろな表現があります。쓸쓸해（スルスレ）は心にぽっかり穴があいたようなさみしさ、섭섭해（ソプソペ）は期待通りにいかなかったさみしさ、외로워（ウェロウォ）はひとりぼっちのさみしさを表します。

スルスレ
쓸쓸해.
さみしいよ。

チャジュ　マンナミョン　トェジ
자주 만나면 되지.
しょっちゅう会えばいいじゃん。

POINT

韓国の絵文字で、泣き顔をハングルの「ㅜ」「ㅠ」を使って（ㅜㅜ）（ㅠㅠ）のように表します。かわいいですよね。

[気にしないで]

신경 쓰지 마

シンギョン　スジ　マ

Track 038

直訳すると「神経を使わないで」です。なので「気になる、しきりに考えてしまう」ときは신경 쓰이다（シンギョン スイダ／神経が使われる）と言ったり、「気にする」ときは신경 쓰다（シンギョン スダ／神経を使う）と言ったりします。

シンギョン　スジ　マ

신경 쓰지 마.

気にしないで。

シンギョン　スヨ

신경 쓰여!

気になる！

POINT

好奇心があり「気になる」ときは신경 쓰여（シンギョン スヨ）とは言わずに、궁금해（クングメ）と言います。

[へこんじゃう]

우울해

ウウレ

Track 039

気が滅入って落ち込んでいる様子を表します。우울하다（ウウラダ／ゆううつだ）が元になっていて、「うつ病や気分が塞ぎ込んだ状態が続くこと」を우울증（ウウルチュン）と言います。

ウウレ
우울해.
へこんじゃう。

マウム　ピョナゲ　カジョ
마음 편하게 가져.
気持ちを楽にして。

POINT

마음（マウム／心、気持ち）は、短くして맘（マム）と言うこともよくあります。

[最高!]

대박!

テバㇰ

Track 040

대박は、대박 맛있어(テバン マシッソ/めっちゃおいしい)、대박 좋은 자리야(テバㇰ チョウン チャリヤ/めっちゃ良い席だ)、너 대박이다!(ノ テバギダ/あなた最高!)のように良い意味で使われる言葉です。

トゥリ　サグィンデ
둘이 사귄대!
2人、付き合ってるんだって!

テバㇰ
대박!
最高!

POINT
ヒット、成功を願う대박 나세요(テバン ナセヨ/成功をお祈りします)というあいさつがあります。親しい間柄で使われます。

[見ていられない]

차마 못 보겠어

チャマ　モッ　ポゲッソ

Track 041

かわいそうで見ていられない、怖くて見ることができない、というときに使える表現です。차마（チャマ／とてもじゃないが）＋못 보겠어（モッ ポゲッソ／見られない）からなる言葉です。

チャマ　モッ　ポゲッソ

차마 못 보겠어.

見ていられない。

ノム　ムソウル　コ　カッタ

너무 무서울 거 같다.

すごく怖そう。

POINT

차마（チャマ）は「とてもじゃないが〜できない」と否定的な意味で使われる言葉です。차마 말 못 하겠어（チャマ マル モ タゲッソ／とてもじゃないけど言えないよ）のように使います。

[嘘でしょ?]

거짓말이지?

コジンマリジ

Track 042

거짓말(コジンマル)は「嘘」という意味です。「冗談じゃない、とんでもない」というニュアンスを含む말도 안 돼! (マルド アン ドェ)という表現もあります。これは直訳すると「話にもならない」です。

コジンマリジ
거짓말이지?
嘘でしょ?

コジンマル　アニヤ
거짓말 아니야....
嘘じゃないよ....。

POINT

似た言葉で세상에(セサンエ/なんてことだ)がありますが、これは「世界に(こんなことがあるのか)」という意味合いで使われています。

［ わかるよ！ ］

알지, 그거!

アルジ　クゴ

Track 043

直訳すると「わかるよ、それ」で、相手の意見に同調してあいづちを打つときに使える表現です。他にもあいづち表現で、응(ウン／うん)、그래(クレ／そう)、아니(アニ／いや)などがあります。

アルジ　クゴ
알지, 그거!
わかるよ！

ヨクシ　ネ　チング
역시 내 친구~!
さすが私の友達～！

POINT

그거(クゴ／それ)の他に、이거(イゴ／これ)、저거(チョゴ／あれ)があります。

［ 尊い… ］

완전 소중해…

ワンジョン　ソジュンへ

Track 044

直訳すると「完全に大切だ」です。人に対しても物に対しても使うことができます。완소（ワンソ）という略語もあり、완소 아이템（ワンソ アイテム／すごく大切なアイテム）のように使います。

ワンジョン　ソジュンへ
완전 소중해….
尊い…。

イロン　チョンサガ　オディ　イッソ
이런 천사가 어디 있어?
こんな天使がいるなんて！

POINT

이런 ○○ 어디 있어?（イロン ○○ オディ イッソ）は「こんな○○がいるなんて／あるなんて！」という意味で、○○には사람이（サラミ／人が）、가게가（カゲガ／店が）など、いろいろな言葉が入ります。

[いつも応援しているよ]

늘 응원할게

ヌル　　　ウンウォナルケ

Track 045

응원할게（ウンウォナルケ）は「応援するよ」という意味ですが、「応援しているよ」の場合も同じように表現します。

ヌル　ウンウォナルケ
늘 응원할게.
いつも応援しているよ。

ネガ　ト　ヒムネヤゲンヌンゴル
내가 더 힘내야겠는걸.
私がもっとがんばらなくちゃね。

POINT

늘（ヌル）は「いつも、常に」という意味ですが、늘の代わりに항상（ハンサン）を使っても同じ意味になります。

［ すっごく幸せ〜 ］

너무 행복해~

ノム　ヘンボケ

Track 046

행복（ヘンボㇰ）は「幸福」で、P.31に登場した행복하길（ヘンボカギㇽ／お幸せに）や、행복한 하루 되세요（ヘンボカン ハル トェセヨ／幸せな1日をお過ごしください）のようなあいさつにもよく使われる言葉です。

オヌル　ウォルグムナリジ
오늘 월급날이지?
今日、給料日だよね？

ノム　ヘンボケ
너무 행복해~.
すっごく幸せ〜。

POINT

韓国語で「ハッピー」は해피（ヘピ）ですが、日本のように「ハッピーだ」「ハッピーな日」といった使い方はしません。

Track C-3

「猫」にまつわることわざ

コヤンイ　ソクタム
고양이 속담

コヤンイ　モゲ　パンウル　タルギ
고양이 목에 방울 달기
猫の首に鈴をつける

ナイスアイデアだけれど、実行することは難しいことを意味することわざです。「ネズミたちが、猫にすぐに気づけるように首に鈴をつけることを思いつきますが、実行しようとするネズミはいませんでした」という西洋の寓話から来ています。

コヤンイボゴ　パンチャン　カゲルル　チキラヌン　キョク
고양이보고 반찬 가게를 지키라는 격
猫に総菜屋の番をしろという

災いの元になるものをむしろ助長してしまうことの例え。반찬(パンチャン)は「お惣菜、おかず」という意味です。

ヤムジョナン　コヤンイ　ブットゥマゲ　モンジョ　オルラガンダ
얌전한 고양이 부뚜막에 먼저 올라간다
おとなしい猫が先にかまどに先に上がる

かまどは、ご飯を作る場所。おとなしくて悪さなどしなそうな猫が、一番初めにかまどに登ってご飯を漁る。つまり、猫をかぶっていた人が本性を表すことを意味することわざです。

コヤンイヌン　パルトプル　カムチュンダ

고양이는 발톱을 감춘다

猫は爪を隠す

「能ある鷹は爪を隠す」が、韓国語では猫に！
猫の爪も鋭いですものね。

コヤンイハンテ　センソヌル　マッキダ

고양이한테 생선을 맡기다

猫に魚を預ける

「信用できない人に何かを任せること」を意味することわざです。

コムン　コヤンイ　ヌン　カムン　ドゥ　タンダ

검은 고양이 눈 감은 듯 한다

黒猫が目を閉じるようにする

黒猫は、目を開けているか閉じているかが分かりづらいので、境界が曖昧で見分けることが難しいという意味のことわざです。

Track C-4

韓国語の擬態語

한국어의(ハングゴエ) 의태어(ウイテオ)

もふもふ	푹신푹신(プクシンプクシン)
ふわふわ	말랑말랑(マルランマルラン)
キラキラ	반짝반짝(パンチャクパンチャク)
うるうる	글썽글썽(クルソンクルソン)
ぎゅうぎゅう	꽉꽉(クァックァク)
つるつる	매끈매끈(メックンメックン)
ぽちゃぽちゃ	포동포동(ポドンポドン)
くしゃくしゃ	쭈글쭈글(チュグルッチュグル)
もちもち	쫄깃쫄깃(チョルギッチョルギッ)
ほかほか	뜨끈뜨끈(トゥックントゥックン)

3

あそぶ

ノルダ
놀다

おでかけや待ち合わせ、観光で使える
シンプルフレーズが盛りだくさん！

［ あそぼ！ ］

놀아 줘!

ノラ　ジュォ

Track 047

直訳すると「あそんでちょうだい」です。なのであそび相手をしてほしいときにこのように言います。単に「いっしょにあそぼう！」と誘うときは같이 놀자!（カチ ノルジャ）と言います。

ノラ　ジュォ

놀아 줘!

あそぼ！

クロジャ

그러자~.

いいよ～。

POINT

그러자（クロジャ）は直訳すると「そうしよう」です。좋아（チョア／いいよ）とも言います。

[カフェでも行く？]

커피 한잔할까?

コピ　ハンジャナルカ

Track 048

直訳すると「コーヒー一杯飲む？」です。「カフェ大国」としても有名な韓国。카페라도 갈까?（カペラド カルカ／カフェでも行こうか？）とも言いますが、커피 한잔할까?（コピ ハンジャナルカ）と言う方がやさしく聞こえます。

チョム　シガン　ヨユガ　インネ

좀 시간 여유가 있네.

ちょっと時間の余裕があるね。

コピ　ハンジャナルカ

커피 한잔할까?

カフェでも行く？

POINT

커피（コピ／コーヒー）の커（コ）の発音は口を縦に大きく開けて「コ」。口をすぼめて「コ」と言うと、코피（コピ／鼻血）という意味になってしまいます。

[すぐ行くね！]

바로 갈게!

パロ　　カルケ

Track 049

바로（パロ）は「直ちに、すぐに」という意味です。似たような意味で금방（クムバン／すぐ、もうすぐ）を使ってもいいでしょう。

チャリ　チャバ　ノァッソ

자리 잡아 놨어.

席取っておいたよ。

パロ　カルケ

바로 갈게!

すぐ行くね！

POINT

자리（チャリ）は「席」という意味です。飲食店で자리 있어요?（チャリ イッソヨ／席ありますか?）という表現をよく使います。

［ 向かっています ］

가고 있어요

カゴ　　イッソヨ

Track 050

ですます調のていねいな表現です。友達には最後の요(ヨ)を取って、가고 있어(カゴ イッソ／向かってるよ)と言いましょう。

チグム　オディヤ

지금 어디야?

今どこ？

カゴ　イッソヨ

가고 있어요.

向かっています。

POINT

가고 있어요(カゴ イッソヨ)の고 있어요(ゴ イッソヨ)は「～しています」という意味です。먹고 있어요(モッコ イッソヨ／食べています)、자고 있어요(チャゴ イッソヨ／寝ています)のような表現があります。

[列、並んでるね]

웨이팅 있네

ウェイティン　インネ

Track 051

店の前に人が並んでいることを韓国語で웨이팅（ウェイティン／ Waiting）が있어（イッソ／ある・いる）と言います。人気の店は웨이팅 앱（ウェイティン エプ／ Waitingアプリ）を使って事前予約することもあります。

ウェイティン　インネ

웨이팅 있네.

列、並んでるね。

エブロ　テギ　モンジョ　コロ　ノウルゴル

앱으로 대기 먼저 걸어 놓을걸.

アプリで先に予約しておけばよかった。

POINT

スマホのアプリのことを앱（エプ）といいます。

[キャンプにハマっています]

캠핑에 빠졌어요

ケムピンエ　パジョッソヨ

Track 052

アウトドアを楽しむ「キャンプ」は韓国語で캠핑（ケムピン）と言います。캠프（ケムプ／キャンプ）という言葉もありますが、これは「合宿プログラム、（学生などの）野外活動」を指します。

ケムピンエ　パジョッソヨ
캠핑에 빠졌어요.
キャンプにハマっています。

ケムピン　ユヘンウン　チョムチョロム　シクチ　アンネ
캠핑 유행은 좀처럼 식지 않네.
キャンプブームはなかなか冷めないね。

POINT

テントやバーベキュー施設が設置してあり、手ぶらで캠핑（ケムピン／キャンプ）を楽しめる글램핑（クルレムピン／グランピング）も人気です。

［ １つ買うともう１つがタダだって！ ］

원 플러스 원이래!

ウォン　プルロス　ウォニレ

Track 053

１つ買えばもう１つが無料になるサービスのことを원 플러스 원（ウォン プルロス ウォン／１＋１）と言います。略して원뿔원（ウォンプルォン）とも言います。

トゥ　ゲナ　サッソ
두 개나 샀어?
２つも買ったの？

ウォン　プルロス　ウォニレ
원 플러스 원이래!
１つ買うともう1つがタダだって！

POINT

2つ買うともう1つもらえる場合は、투 플러스 원（トゥ プルロス ウォン／ 2+1）と言います。

[2つでいくらですか？]

두 개에 얼마예요?

トゥ　ゲエ　オルマエヨ

Track 054

「いくらですか？」は얼마예요?（オルマエヨ）です。얼마（オルマ／いくら、どのくらい）に「ですか？」を表す예요?（エヨ）が付いた言葉です。

トゥ　ゲエ　オルマエヨ
두 개에 얼마예요?
2つでいくらですか？

チョヌォニエヨ
1000원이에요.
1000ウォンです。

POINT

韓国の通貨「ウォン」は원（ウォン）と書きます。日本の通貨「円」は엔（エン）です。

[当たりますように]

당첨되길

タンチョムドェギル

Track 055

当たるといえば「宝くじ」ですが、「宝くじ」は韓国語で복권（ポックォン／福券）と呼ばれています。

ナ　オジェ　ポックォン　サッソ

나 어제 복권 샀어.

私、昨日宝くじ買ったんだ。

タンチョムドェギル

당첨되길.

当たりますように。

POINT

韓国の宝くじには当選金を年金方式で毎月分割払いでもらえる연금복권（ヨングムボックォン／年金福券）があり、人気です。

［ 何色が好き？ ］

어떤 색이 좋아?

オットン　セギ　チョア

Track 056

韓国語で色を表すとき、빨간색（パルガンセク／赤）、파란색（パランセク／青）、노란색（ノランセク／黄）、초록색（チョロクセク／緑）などと言います。색（セク）は「色」を表す言葉です。

オットン　セギ　チョア
어떤 색이 좋아?
何色が好き？

ヨクシ　ピンクジ
역시 핑크지!
やっぱりピンクだよ！

POINT

핑크（ピンク／ピンク）、블랙（プルレク／ブラック）、화이트（ファイトゥ／ホワイト）、골드（コルドゥ／ゴールド）、실버（シルボ／シルバー）など、色を英語で言うこともよくあります。

［ 出発！ ］

출발!

チュルバル

Track 057

출발（チュルバル／出発）の代わりに가자!（カジャ／行こう！）と言ってもいいでしょう。

チュンビドェッスミョン　カジャ
준비됐으면 가자!
準備できたら行こう！

チュルバル
출발!
出発！

POINT

「到着」は도착（トチャク）と言います。

[持ち込める手荷物は10キロまでです]

기내 수하물은 10kg까지예요

キネ　スハムルン　シプキルログレムカジエヨ

Track 060

飛行機に持ち込む手荷物のことを기내 수하물（キネ スハムル／機内手荷物）、搭乗手続き時に預ける手荷物のことを위탁 수하물（ウィタク スハムル／委託手荷物）と区別して呼びます。

キネ　スハムルン　シプキルログレムカジエヨ

기내 수하물은 10kg까지예요.

持ち込める手荷物は10キロまでです。

クロム　チムル　ト　ペヤゲンヌンゴル

그럼 짐을 더 빼야겠는걸.

じゃあ荷物をもっと減らさなくちゃ。

POINT

単に「荷物」と言いたいときは짐（チム）を使います。

［ コンサートに行ってきます ］

콘서트 가요

コンソトゥ　カヨ

Track 061

韓国では、ロックでもアイドルのコンサートでも音楽の公演は콘서트(コンソトゥ／コンサート)と言うことが多いです。

コンソトゥ　カヨ

콘서트 가요.

コンサートに行ってきます。

シンナゲ　チュルギゴ　ワ

신나게 즐기고 와!

楽しんできてね！

POINT

開催される地域や歌手の名前を入れて서울콘(ソウルコン／ソウルコンサート)、방탄콘(パンタンコン／ BTSコンサート)のように○○콘(コン)と略して言うこともよくあります。

［ 今日のライブ最高だった！ ］

오늘 공연 대박!

オヌル　コンヨン　テバㇰ

Track 062

韓国語で라이브（ライブ／ライブ）というと、「生歌」や「SNSでのライブ配信」を指します。なので공연（コンヨン／公演）もしくは콘서트（コンソトゥ／コンサート）というのが自然です。

オヌル　コンヨン　テバㇰ
오늘 공연 대박!
今日のライブ最高だった！

オヌリオッソ
오늘이었어?
今日だったの？

POINT

콘서트（コンソトゥ／コンサート）は音楽関連だけですが、공연（コンヨン／公演）は音楽以外の演劇やミュージカルなどの舞台にも使えます。

[道に迷いました]

길을 잃었어요

キルル　イロッソヨ

Track 063

直訳すると「道を失いました」です。似た表現で길을 잘못 들었어요(キルル チャルモッ トゥロッソヨ／道を間違いました)もよく使います。

キルル　イロッソヨ
길을 잃었어요.
道に迷いました。

チドルル　ポセヨ
지도를 보세요.
地図を見てください。

POINT

韓国では、Google 지도(ググル チド／Googleマップ)よりも네이버 지도(ネイボ チド／Naverマップ)や카카오맵(カカオメプ／カカオマップ)をよく使います。

［ 駅からすぐです ］

역에서 가까워요

ヨゲソ　カッカウォヨ

Track 064

가까워요（カッカウォヨ）は「近いです」を意味する言葉です。역에서（ヨゲソ／駅から）の代わりに、집에서（チベソ／家から）、회사에서（フェサエソ／会社から）、학교에서（ハッキョエソ／学校から）と言ってみましょう。

テッシ　タヌン　ゲ　ナア
택시 타는 게 나아?
タクシー乗ったほうがいい？

ヨゲソ　カッカウォヨ
역에서 가까워요.
駅から近いです。

POINT

韓国の慣用表現で「非常に近いこと」を엎어지면 코 닿을 거리（オポジミョン コ タウㇽ コリ／前に倒れたら鼻が触る距離）と言います。

[お弁当買って行こう]

도시락 사서 가자

トシラㇰ　サソ　カジャ

Track 065

「お弁当」は도시락(トシラㇰ)。韓国には日本のような駅弁文化はありませんが、大きな駅の構内では김밥(キㇺパㇷ゚／韓国風海苔巻き)などの軽食から、日本風の定食弁当までさまざまなものがそろいます。

ナ　ケイティエㇰス　チョウム　タ　ボァ

나 KTX 처음 타 봐!

私、KTX初めて乗る!

トシラㇰ　サソ　カジャ

도시락 사서 가자.

お弁当買っていこう。

POINT

한국고속철도(ハングㇰコソㇰチョㇽト／韓国高速鉄道)のKTXは、ソウル～釜山を最短2時間半弱で結びます。

[どこ行くの?]

어디 가?

オディ　カ

Track 066

어디(オディ／どこ)＋가? (カ／行く?)からなるフレーズです。

オディ　カ
어디 가?
どこ行くの?

オヌル　チングラン　ヤクソク　イッコドゥン
오늘 친구랑 약속 있거든.
今日友達と約束があるんだ。

POINT

「約束」は약속(ヤクソク)。「約束があります」は약속이 있어요(ヤクソギ イッソヨ)、「約束しました」は약속했어요(ヤクソケッソヨ)と言います。

[これほしい!]

이거 가질래!

イゴ　カジルレ

Track 067

가질래(カジルレ)の元になっている가지다(カジダ)という言葉は「持つ、所有する」という意味です。なので가질래と言うと「手に入れたい」という強い気持ちを表す表現になります。

イゴ　カジルレ
이거 가질래!
これほしい!

ウン　チュルケ
응, 줄게.
うん、あげるよ。

POINT

もう少し軽く「これほしい!」と言いたいときは、이거 갖고 싶어! (イゴ カッコ シポ)と言うといいでしょう。

［ それ、おもちゃじゃないよ ］

그거 장난감 아니거든

クゴ　チャンナンカム　アニゴドゥン

Track 068

아니거든（アニゴドゥン）は「違うってば」と軽い忠告のニュアンスを表すフレーズです。나 아니거든（ナ アニゴドゥン／私じゃないってば）、그런 사람 아니거든（クロン サラム アニゴドゥン／そんな人じゃないってば）というように使います。

ワ　シンナンダ
와～ 신난다!
わ～たのしい！

クゴ　チャンナンカム　アニゴドゥン
그거 장난감 아니거든.
それ、おもちゃじゃないよ。

POINT

신난다!（シンナンダ／たのしい！）は、ワクワクしたりテンションが上がったりするときに使います。

［ おいしそう～ ］

맛있겠다~

マシッケッタ

Track 069

「おいしい」は맛있어（マシッソ）、「まずい」は맛없어（マドプソ）です。맛（マッ）は「味」を表す言葉で、소금 맛（ソグム マッ／塩味）、매운맛（メウンマッ／辛い味）のように使います。

マシッケッタ
맛있겠다~.
おいしそう～。

トギ　ノルンノルタゲ　チャル　クウォジョンネ
떡이 노릇노릇하게 잘 구워졌네.
おもち、こんがりよく焼けたね。

POINT

떡（トク）は「おもち」のこと。떡볶이（トクポッキ／トッポッキ）や떡국（トックク／おもちのスープ）など、韓国にも떡を使った料理がたくさんあります。

[たのしかったね!]

즐거웠어!

チュルゴウォッソ

Track 070

즐거웠어（チュルゴウォッソ）の元の単語は즐겁다（チュルゴプタ／たのしい）で、즐거운 하루 보내세요（チュルゴウン ハル ポネセヨ／たのしい一日をお過ごしください）のようなあいさつ表現にも登場します。

チュルゴウォッソ
즐거웠어!
たのしかったね!

トゥプネ　チェミイッソッソ
덕분에 재미있었어.
おかげでたのしかったよ。

POINT

즐거웠어（チュルゴウォッソ）に似た表現で「面白くてたのしかった」という意味の재미있었어（チェミイッソッソ）があります。

［ 帰りたくない ］

집에 가기 싫어

チベ　カギ　シロ

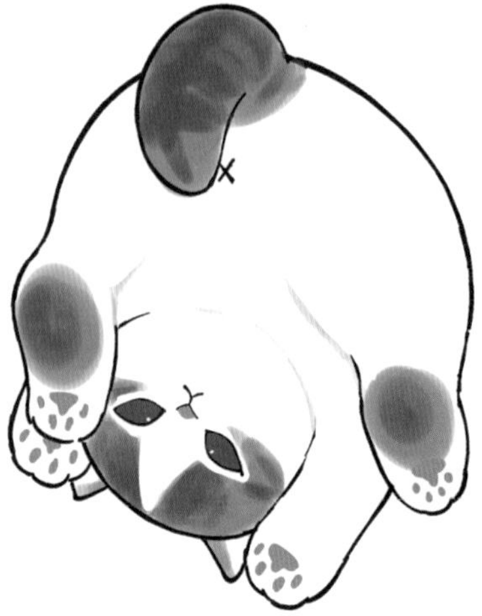

Track 071

直訳すると「家に行きたくない」で、「帰る＝家に行く」なのでこのように表現します。

イジェ　クマン　ヘオジル　シガニヤ

이제 그만 헤어질 시간이야.

もうお別れの時間だよ。

チベ　カギ　シロ

집에 가기 싫어.

帰りたくない。

POINT

이제 그만（イジェ クマン）だけだと「もうやめて」という意味です。

［ またあそぼうね ］

또 놀자

ト　ノルジャ

Track 072

또（ト／また）＋놀자（ノルジャ／あそぼう）からなるフレーズで、「また会おうね」のニュアンスを含みます。仲の良い友達とバイバイするときや、スマホでメッセージを送るときにもよく使います。

ト　ノルジャ

또 놀자.

またあそぼうね。

オレンマネ　オルグル　ボァソ　パンガウォッソ

오랜만에 얼굴 봐서 반가웠어.

久しぶりに会えてうれしかったよ。

POINT

「（人に会えて）うれしかった」ときは 반가웠어（パンガウォッソ）と言います。

Track
C-5

色の名前

セッカㇽ イルㇺ
색깔 이름

パㇽガンセㇰ
빨간색
赤

ノランセㇰ
노란색
黄

ヒンセㇰ
흰색
白

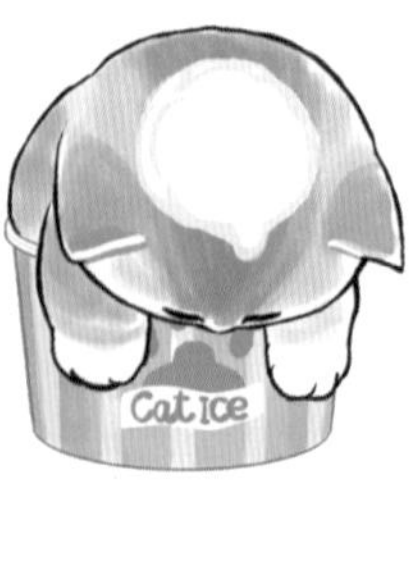

プノンセㇰ
분홍색
ピンク

ハヌルセク
하늘색
水色

チョロクセク
초록색
緑

パランセク
파란색
青

ボラセク
보라색
紫

コムンセク
검은색
黒

クムセク
금색
金色

ウンセク
은색
銀色

Track C-6

推し活のフレーズ

トッチレ　ユヨンハン　ピョヒョン
덕질에 유용한 표현

推し活イベントの名前を韓国語で言ってみましょう。

コンソトゥ
콘서트
コンサート

歌手やアイドルのライブ公演のこと。공연(コンヨン／公演)と言うこともあります。

ペン　ミティン
팬 미팅
ファンミーティング

双方向のコミュニケーションが取れるファン対象のイベントです。略して팬미(ペンミ)と言います。

ペン　サイヌェ
팬 사인회
ファンサイン会

憧れの推しからサインをもらったり、会話をしたりできるイベント。略して팬싸(ペンサ)と言います。

ヨンサン　トンファ
영상 통화
ビデオ電話イベント

抽選で当たった人が推しと直接ビデオ通話できるイベントです。略して영통(ヨントン)と言います。

4

くらす

ヤンファル
생활

仕事の場面や趣味の時間、
のんびり過ごすリフレッシュタイムも、
韓国語で表現してみましょう！

[まだ寝てたいよ～]

조금만 더 잘래~

チョグムマン　ト　チャルレ

Track 073

조금만(チョグムマン)は「もう少し、ちょっとだけ」を意味する単語です。

チョグムマン　ト　チャルレ

조금만 더 잘래~.

まだ寝てたいよ～。

オルルン　イロナ

얼른 일어나.

早く起きて。

POINT

10분만~(シププンマン／あと10分だけ～)などと付け加えて言ってもよいでしょう。

［ すごく忙しいんだ ］

엄청 바빠

オムチョン　　　パッパ

Track 074

엄청（オムチョン／すごく）＋바빠（パッパ／忙しいんだ）とシンプルに表現してもいいですが、忙しいときに使える慣用句で눈코 뜰 새 없이 바빠（ヌンコ トゥル セ オプシ パッパ／目鼻を開ける暇がないほど忙しい）というのがあります。

オムチョン　パッパ
엄청 바빠.
すごく忙しいんだ。

イリ　サントミゲッタ
일이 산더미겠다.
仕事がいっぱいだね。

POINT

「仕事が山積みだ」は일이 산더미다（イリ サントミダ）と表現します。

[人が多すぎます]

사람이 너무 많아요

サラミ　ノム　マナヨ

Track 075

「満員電車」は지옥철（チオㇰチョㇽ）と言います。地獄のような鉄道という意味です。

サラミ　ノム　マナヨ

사람이 너무 많아요.

人が多すぎます。

ウムジギㇽ　スガ　オㇷ゚ソ

음직일 수가 없어~.

動けない～。

POINT

通勤ラッシュの様子が、器からニョキニョキと生えた豆モヤシに似ていることから、콩나물 시루 같다（コンナムㇽ シル ガッタ／豆モヤシの器みたい）と表現します。

［ もうくたくた ］

녹초가 됐어

ノクチョガ　トェッソ

Track 076

녹초（ノクチョ）は、「疲れて力が出ない状態」を表す言葉です。녹초は「溶けたロウソク」を意味するという説もあります。

ノクチョガ　トェッソ

녹초가 됐어.

もうくたくた。

クレド　シッコ　チャヤジ

그래도 씻고 자야지.

でもお風呂は入って寝なくちゃ。

POINT

シャキッとしたネギがキムチになってクタッとすることから파김치가 됐어（パギムチガ トェッソ／ネギキムチになった）とも言います。

[お腹すいたな～]

출출한데～

チュルチュランデ

Track 077

「小腹がへったな」という表現です。しっかり１食を食べたいくらいお腹がすいたときは배고파（ペゴパ／お腹すいた）と言います。

チュルチュランデ
출출한데～.
お腹すいたな～。

ヤシク　クムジ
야식 금지～.
夜食禁止～。

POINT

小腹がへったときに食べるものに、간식（カンシク／間食）、주전부리（チュジョンブリ／おやつ）、야식（ヤシク／夜食）があります。

[食べすぎちゃった]

너무 많이 먹었어

ノム　マニ　モゴッソ

Track 078

直訳すると「すごくたくさん食べた」です。「お腹いっぱい」というときは배불러(ペブルロ)と表現します。

ノム　マニ　モゴッソ

너무 많이 먹었어.

食べすぎちゃった。

ペ　トジル　コッ　カタ

배 터질 것 같아.

お腹がはちきれそう。

POINT

「思う存分食べました」と言うときは、실컷 먹었어요(シルコッ モゴッソヨ)です。

［ お菓子作りが趣味です ］

베이킹이 취미예요

ペイキンイ　チュィミエヨ

Track 079

「パンやお菓子を作ること」を베이킹（ペイキン／ baking）と言います。

ペイキンイ　チュィミエヨ
베이킹이 취미예요.
お菓子作りが趣味です。

パラド　トエル　チョンドロ　マシンヌンデヨ
팔아도 될 정도로 맛있는데요!
売ってもいいほどおいしいですね！

POINT

家で趣味のお菓子作りをすることを홈베이킹（ホムベイキン／ home baking）と言います。

[口の中でとろける～]

입에서 살살 녹는다～

イベソ　サルサル　ノンヌンダ

Track 080

甘くてやわらかいお菓子を食べたときや、口の中でとろけてなくなるお肉を食べたときなどに使います。

イベソ　サルサル　ノンヌンダ

입에서 살살 녹는다～.

口の中でとろける～。

クルマシネ

꿀맛이네!

めっちゃおいしいね！

POINT

本来「ハチミツ」を意味する꿀(クル)ですが、「とてもよい、最上の」を表す言葉として最近使われています。꿀맛(クルマッ／ハチミツ味＝すごくおいしい味)です。

［ やせなきゃ ］

살 빼야지

サル　ベヤジ

Track 081

直訳すると「肉取らなくちゃ」です。다이어트해야지（タイオトゥヘヤジ／ダイエットしなくちゃ）と言っても大丈夫です。

サル　ベヤジ
살 빼야지.
やせなきゃ。

クニャン　ポギエヌン　サルチン　チュル　モルゲンヌンデ
그냥 보기에는 살찐 줄 모르겠는데.
そんなに太ってるようには見えないけど。

POINT

「太りました」は살쪘어요（サルチョッソヨ）、「ぜい肉が付きました」は군살이 붙었어요（クンサリ プトッソヨ）と言います。

［ 今日も運動した！ ］

오운완!

オウヌァン

Track 082

오늘 운동 완료（オヌル ウンドン ワルリョ／今日、運動、完了）の略語で、SNSなどで運動の記録を公開するときにハッシュタグで#오운완（オウヌァン）とつけているのをよく見かけます。

オウヌァン
오운완!
今日も運動した！

インスタエ　インジュンシャッ　オルリョッソ
인스타에 인증샷 올렸어?
インスタに証拠写真載せた？

POINT

인증샷（インジュンシャッ／認証ショット）は証拠として撮る写真で、SNSにアップしたりメッセージで送ったりします。

[ご飯の準備しなくちゃ]

밥해야지

パペヤジ

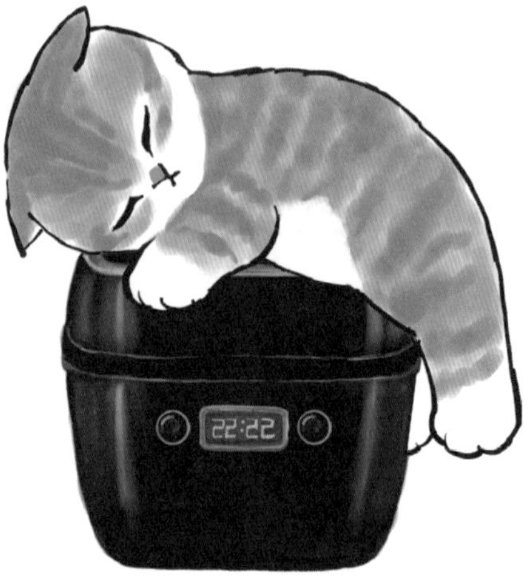

Track 083

直訳すると「ご飯しなくちゃ」です。お米を炊くだけでなく、おかずを作るなどの支度をすることをこのように表現します。

パペヤジ
밥해야지.
ご飯の準備しなくちゃ。

オヌル　チョニョン　メニュヌン　ムォエヨ
오늘 저녁 메뉴는 뭐예요?
今日の夜ご飯のメニューは何ですか？

POINT
자취（チャチュィ／自炊）という言葉もあり、자취 생활（チャチュィ センファル／自炊生活＝一人暮らし）、자취방（チャチュィッパン／自炊部屋＝一人暮らしの部屋）のように使われます。

［ 献立が思いつかない ］

좋은 메뉴가 떠오르지 않네

チョウン　メニュガ　トオルジ　アンネ

Track 084

直訳すると「良いメニューが思い浮かばない」です。메뉴（メニュ／メニュー）のほかに「献立」に該当する식단（シクタン）という言葉もあります。

チョウン　メニュガ　トオルジ　アンネ
좋은 메뉴가 떠오르지 않네.
献立が思いつかない。

メイル　シクタン　センガカヌン　ゴット　シュィプチガ　アンチョ
매일 식단 생각하는 것도 쉽지가 않죠.
毎日の献立を考えるのも楽じゃないですよね。

POINT

「献立を考えること、献立づくり」を、메뉴 짜기（メニュ チャギ）や식단 짜기（シクタン チャギ）と言います。

［ 完成！ ］

완성!

ワンソン

Track 085

완성!（ワンソン／完成！）の代わりに、다 됐다!（タ トェッタ／全部できた！）と言うこともできます。

ワンソン
완성!
完成！

ネガ スジョ ノウルケ
내가 수저 놓을게.
私がスプーンとお箸準備するね。

POINT

수저（スジョ）とは、숟가락（スッカラㇰ／スプーン）と젓가락（チョッカラㇰ／お箸）のセットのことです。

[やっちゃった！]

이런!

イロン

Track 086

すごくおどろいたときや失望したときに使う感嘆詞です。

イロン
이런!
やっちゃった！

タチン　デヌン　オプチ
다친 데는 없지?
怪我してないよね？

POINT

이런（イロン）の代わりに、아이고（アイゴ）や、女性なら어머（オモ）も同じ意味で使うことができます。

［ お菓子がやめられない ］

그만 먹어야지

クマン　モゴヤジ

Track 087

直訳すると「食べるのをやめなくちゃ」で、「（お菓子が）やめられない」のニュアンスを表す表現になります。

クマン　モゴヤジ

그만 먹어야지.

お菓子がやめられない。

ノム　マシッチ

너무 맛있지~.

おいしすぎるもんね～。

POINT

「그만（クマン）＋動詞」で「～するのをやめる」という意味です。

［ 半分こしよう ］

반띵 하자

パンティン　ハジャ

Track 088

「半分こ」を表す俗語で반띵（パンティン）があります。반띵 하다（パンティン ハダ）で「半分こする」です。友達同士で気軽に使える表現です。

イ　パン　モグルレ

이 빵 먹을래?

このパン食べる？

パンティン　ハジャ

반띵 하자.

半分こしよう。

POINT

「分け合って食べよう」というときは나눠 먹자（ナヌォ モクチャ）と言います。

［ か、辛い～ ］

매, 매워～

メ　　　　メウォ

Track 089

「辛い」は매워（メウォ）と言います。あまりにも辛すぎて痛みすら感じるようなときは맵다 못해 아파～（メプタ モテ アパ／辛いっていうより痛い～）と言ってみましょう。

メ　メウォ

매, 매워~.

か、辛い～。

ヨギ　ムル　マショ

여기 물 마셔.

ほら、水飲みな。

POINT

「口の中がヒリヒリします」は입안이 얼얼해요（イバニ オロレヨ）と言います。

［ 冷たい…！ ］

차가워…！

チャガウォ

Track 090

「冷たい」は차가워（チャガウォ）と言います。反対に「熱い」と言うときは뜨거워（トゥゴウォ）と言います。

チャガウォ　モリガ　ティンヘ

차가워…! 머리가 띵해.

冷たい…！ 頭がキーンとする。

クパゲ　モゴソ　クレ

급하게 먹어서 그래.

急いで食べるからだよ。

POINT

머리가 띵해（モリガ ティンヘ／頭がキーンとする）は、冷たいものを食べたとき以外に、頭痛や二日酔いによる頭の痛みにも使えます。

[ダンス教室に通っています]

댄스 학원에 다니고 있어요

テンス　ハグォネ　タニゴ　イッソヨ

Track 091

韓国語では習い事の教室を학원(ハグォン／学院)と表現します。

テンス　ハグォネ　タニゴ　イッソヨ

댄스 학원에 다니고 있어요.

ダンス教室に通っています。

チェミイッケッタ

재미있겠다!

たのしそう!

POINT

ダンスの中でも流行のK-POPダンスは방송 댄스(パンソン テンス／放送ダンス)と呼ばれ、人気です。

[急いで!]

서둘러!

ソドゥルロ

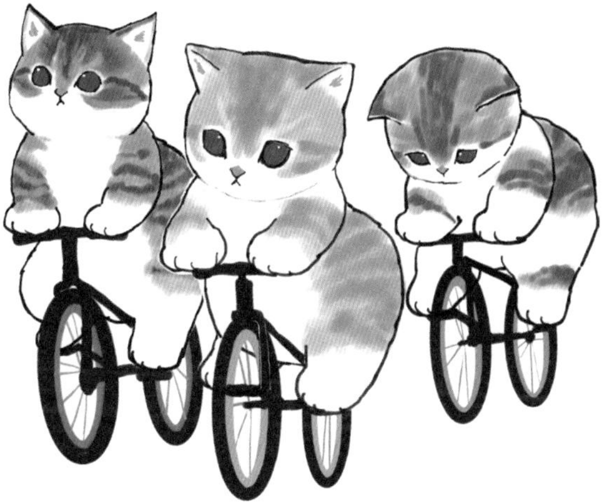

Track 092

서둘러(ソドゥルロ)と似た言葉で빨리(パルリ/早く)があります。「急いで!急いで!」というときに빨리 빨리(パルリ パルリ)と続けて言うと急かしている感じが出ます。

ソドゥルロ
서둘러!
急いで!

チョシメ
조심해~.
気をつけて~。

POINT

ていねいに서둘러 주세요(ソドゥルロ ジュセヨ/急いでください)と言うこともできます。

[テイクアウトできますか？]

포장 되나요?

ポジャン　トェナヨ

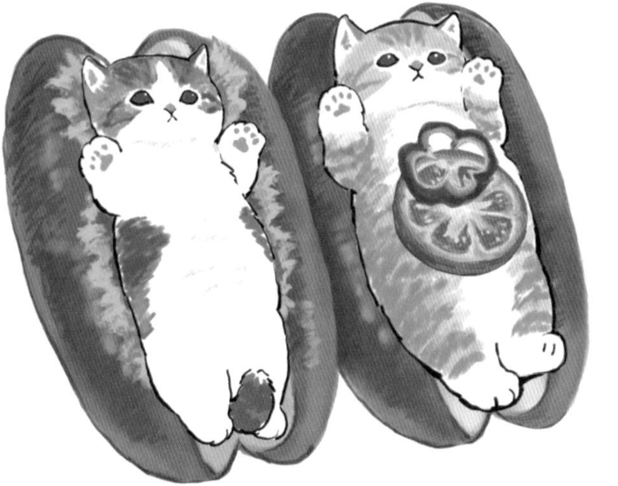

Track 093

直訳すると「包装できますか？」です。お店で「テイクアウトで（持ち帰りで）」というときも、포장해 주세요（ポジャンへ ジュセヨ／包装してください）と言います。

ポジャン　トェナヨ
포장 되나요?
テイクアウトできますか？

ネ　ポジャンハシミョン　ハリンド　ヘ　ドゥリョヨ
네, 포장하시면 할인도 해 드려요.
はい、テイクアウトは割引になります。

POINT

포장 주문（ポジャン チュムン／包装注文＝あらかじめアプリで注文し、店で受け取ること）という言葉もあります。

［ 持ってきました ］

가져왔어요

カジョワッソヨ

Track 094

가져왔어요（カジョワッソヨ）の他に、「（物を）準備して持ってきました」という意味の챙겨 왔어요（チェンギョ ワッソヨ）もよく使います。

カジョワッソヨ
가져왔어요.
持ってきました。

イジョボリン ジュル アランヌンデ
잊어버린 줄 알았는데.
忘れているかと思ったよ。

POINT

「（手で）持ってきました」というときは、들고 왔어요（トゥルゴ ワッソヨ）と言います。

［ お昼寝の時間だよ ］

낮잠 잘 시간이야

ナッチャム　チャル　シガニヤ

Track 095

「お昼寝」は낮잠（ナッチャム）で、「お昼寝します」は낮잠 자요（ナッチャム チャヨ）と言います。

チョムシム　モグミョン　ムォ　ヘ

점심 먹으면 뭐 해?

お昼食べたら何する？

ナッチャム　チャル　シガニヤ

낮잠 잘 시간이야.

お昼寝の時間だよ。

POINT

눈을 붙이다（ヌヌル プチダ／目をくっつける＝仮眠を取る）という表現もあります。

［ 今日、寒いね ］

오늘 춥네

オヌル　チュムネ

Track 096

「寒いです」は추워요（チュウォヨ）、反対に「暖かいです」は따뜻해요（タットゥテヨ）と言います。

オヌル　チュムネ

오늘 춥네.

今日、寒いね。

トゥッコウン　イブル　コネルカ

두꺼운 이불 꺼낼까?

分厚い布団出そうか？

POINT

「肌寒いです」は쌀쌀해요（サルサレヨ）、「ひんやりしている」は서늘해요（ソヌレヨ）と言います。

[お花を買って帰ります]

꽃을 사서 들어가려고요

コチュル　サソ　トゥロガリョゴヨ

Track 097

「花」は꽃（コッ）、「花束」は꽃다발（コッタバル）と言います。韓国ドラマでは恋人に花束を渡すシーンがよく登場しますが、日本よりも日常的に花を贈る習慣があります。

コチュル　サソ　トゥロガリョゴヨ

꽃을 사서 들어가려고요.

お花を買って帰ります。

オヌル　ムスン　ナリエヨ

오늘 무슨 날이에요?

今日、なんの日ですか？

POINT

家で植物を育てるのが趣味の人を表す식집사(シクチプサ)という造語があります。식물(シンムル／植物)+집사(チプサ／執事)を組み合わせた言葉です。

［ おそうじしなくちゃ ］

청소해야지

チョンソヘヤジ

Track 098

「そうじ」は청소（チョンソ）で、방 청소（パン チョンソ／部屋のそうじ）、화장실 청소（ファジャンシル チョンソ／トイレそうじ）のように使います。

チョンソヘヤジ
청소해야지.
おそうじしなくちゃ。

ヘガ ソッチョゲソ トゥゲンネ
해가 서쪽에서 뜨겠네.
めずらしいね。

POINT

「めずらしいこと」を表す面白い慣用句で、해가 서쪽에서 뜨다（ヘガ ソッチョゲソ トゥダ／太陽が西から昇る）があります。

Track C-7

数の数え方
숫자 세는 법

韓国語の数字には「いち、に、さん」にあたる漢数詞と、「ひとつ、ふたつ、みっつ」にあたる固有数詞の２種類があります。

漢数詞	1	일	イル
	2	이	イ
	3	삼	サム
	4	사	サ
	5	오	オ
	6	육	ユク
	7	칠	チル
	8	팔	パル
	9	구	ク
	10	십	シプ

固有数詞	ひとつ	하나	ハナ
	ふたつ	둘	トゥル
	みっつ	셋	セッ
	よっつ	넷	ネッ
	いつつ	다섯	タソッ
	むっつ	여섯	ヨソッ
	ななつ	일곱	イルゴプ
	やっつ	여덟	ヨドル
	ここのつ	아홉	アホプ
	とお	열	ヨル

Track C-8

買い物のフレーズ
쇼핑에 유용한 표현

하나 주세요.
一つください。

주세요（チュセヨ）は「ください」という意味です。前のページで学んだ固有数詞は「〜個」と数を数えるときに形が変わるものがあります。두 개（トゥ ゲ／2個）、세 개（セ ゲ／3個）、네 개（ネ ゲ／4個）というのを覚えておきましょう。

이거 주세요.
これ、ください。

이거（イゴ／これ）、그거（クゴ／それ）、저거（チョゴ／あれ）を入れ替えて言ってみましょう。

얼마예요?
いくらですか？

韓国の通貨の単位は원（ウォン）です。韓国の紙幣は천 원（チョ ヌォン／1000ウォン）、오천 원（オチョ ヌォン／5000ウォン）、만 원（マ ヌォン／1万ウォン）、오만 원（オマ ヌォン／5万ウォン）があります。

5

ふれあう

マンナダ
만나다

親しい友達や恋人、家族との会話で使いたい
コミュニケーションのフレーズを紹介します。

［ はじめまして！ ］

처음 뵙겠습니다!

チョウム　プェプケッスムニダ

Track 099

처음 뵙겠습니다（チョウム プェプケッスムニダ）と同じくらい初対面のあいさつで使われるのが、만나서 반가워요（マンナソ パンガウォヨ／お会いできてうれしいです）です。

チョウム　プェプケッスムニダ

처음 뵙겠습니다!

はじめまして！

マンナソ　パンガウォヨ

만나서 반가워요.

お会いできてうれしいです。

POINT

처음 뵙겠습니다（チョウム プェプケッスムニダ／はじめまして）に続けて 잘 부탁드려요（チャル プタㇰトゥリョヨ／よろしくおねがいします）と言ってもいいでしょう。

[ちょっといいですか?]

잠깐 시간 되세요?

チャムカン シガン トェセヨ

Track 100

直訳すると「ちょっとお時間いいですか?」です。

チャムカン シガン トェセヨ

잠깐 시간 되세요?

ちょっといいですか?

チグム バロヨ

지금 바로요?

今、すぐですか?

POINT

時間が取れない場合は지금은 어려울 것 같아요(チグムン オリョウル コッ カタヨ/今は難しいです)と答えましょう。

[聞いてる?]

듣고 있어?

トゥッコ　イッソ

Track 101

「(話を) 聞いてる?」という意味の表現です。「(声が) 聞こえる?」というときは들려? (トゥルリョ)と言います。

トゥッコ　イッソ

듣고 있어?

聞いてる?

ミアン　チャムカン　タンセンガケッソ

미안, 잠깐 딴생각했어.

ごめん、ちょっと他のこと考えてた。

POINT

딴생각했어(タンセンガケッソ)は直訳すると「他の考えをしていた」です。「ぼーっとしてた」と訳してもいいでしょう。

[呼んだ？]

불렀어?

プルロッソ

Track 102

「僕・私のこと、呼んだ？」というときは、나 불렀어? (ナ プルロッソ)と言います。

プルロッソ
불렀어?
呼んだ？

ウン　イゴ　チョム　トワジュルレ
응, 이거 좀 도와줄래?
うん、これちょっと手伝ってくれる？

POINT

「うん」は韓国語でも응(ウン)です。「はい」は네(ネ)や예(イェ)と言います。

［ 会いたいな～ ］

보고 싶어~

ポゴ シポ

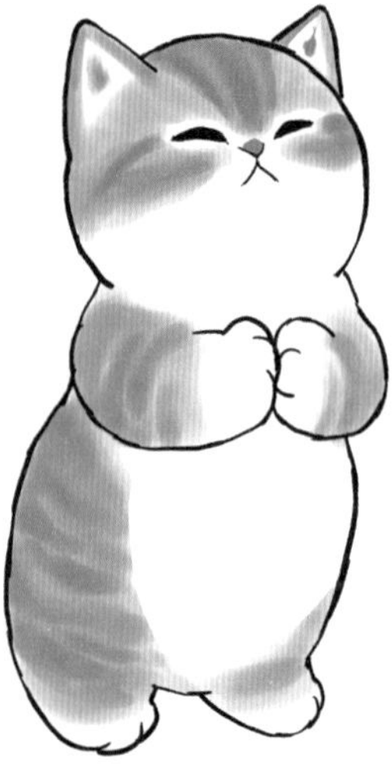

Track 103

直訳すると「見たい」ですが、韓国語では相手に会いたい気持ちを伝えるとき、보고 싶어（ポゴ シポ／会いたい）と言います。

ポゴ シポ
보고 싶어~.
会いたいな～。

ナド ポゴ シポ
나도 보고 싶어~.
私も会いたい～。

POINT

「会いたかった」は보고 싶었어（ポゴ シポッソ）です。

[あそびに行くね]

놀러 갈게

ノルロ　カルケ

Track 104

놀러 갈게(ノルロ カルケ／あそびに行くね)の前に꼭(コㇰ／絶対)、또(ト／また)などをつけて言ってもいいでしょう。

ナ　イサヘッソ
나 이사했어.
私、引っ越したんだ。

ノルロ　カルケ
놀러 갈게.
あそびに行くね。

POINT

実際に「あそびに行く」という意味もありますが、「(店に)顔を出す」「あいさつがてら行くね」というときにも使えます。

［ 行かないで～ ］

가지 마～

カジ　マ

Track 105

가지 마（カジ マ）の지 마（ジ マ）は「～しないで」という禁止をお願いする表現です。하지 마（ハジ マ／しないで）、보지 마（ポジ マ／見ないで）、쓰지 마（スジ マ／使わないで）、오지 마（オジ マ／来ないで）のような表現があります。

カジ　マ

가지 마～.

行かないで～。

ト　オルケ

또 올게.

また来るね。

POINT

「～しないでください」とていねいに言うときは지 마（ジ マ）の部分を지 마세요（ジ マセヨ）に変えて言います。

[ついて行ってもいい？]

따라가도 돼?

タラガド　トェ

Track 106

誰かの後について行くとき、このように言います。ただ同行したいのであれば나도 가도 돼?（ナド カド トェ／私も行っていい？）と表現します。

タラガド　トェ

따라가도 돼?

ついて行ってもいい？

クロム　トェゴマルゴ

그럼, 되고말고.

うん、もちろんだよ。

POINT

「ついて来ないで」というときは따라오지 마（タラオジ マ）と言います。

[ずっといっしょだよ♪]

영원히 함께하자♪

ヨンウォニ　ハムケハジャ

Track 107

영원히(ヨンウォニ)は「永遠に」、함께하자(ハムケハジャ)は「いっしょにいよう、共にしよう」という意味の言葉です。

ヨンウォニ　ハムケハジャ

영원히 함께하자♪

ずっといっしょだよ♪

サランヘ

사랑해!

愛してる!

POINT

友達同士で気軽に言うような場合は늘 함께야♪(ヌル ハムケヤ/いつもいっしょだよ♪)のように言いましょう。

［ 仲良くしてね ］

잘 지내 보자

チャル　チネ　ボジャ

Track 108

直訳すると「よく過ごしてみよう」です。初対面の同世代の人や年下の人に使うと親近感を感じる言い方です。

チャル　チネ　ボジャ
잘 지내 보자.
仲良くしてね。

ウン　チャル　プタケ
응, 잘 부탁해.
うん、よろしくね。

POINT

잘 지내（チャル チネ）だけで使うと、「元気だよ」という意味です。疑問文にすると「元気？」（P.21）です。

［ 電話してもいい？ ］

지금 통화 괜찮아?

チグム　トンファ　クェンチャナ

Track 109

直訳すると「今、通話大丈夫？」で、電話してすぐにこう聞くこともありますし、事前にメッセージなどで聞くこともあります。

チグム　トンファ　クェンチャナ

지금 통화 괜찮아?

電話してもいい？

ウン　ムスン　ニリヤ

응, 무슨 일이야?

うん、どうしたの？

POINT

「もしもし」は여보세요(ヨボセヨ)です。電話を切るときは、끊어(クノ／切るね)と言って通話を終わらせます。

[既読がつかない…]

1이 안 없어져…

イリ　アン　オプソジョ

Track 110

直訳すると「1が消えない」です。韓国では카카오톡（カカオトㇰ／ Kakao Talk）、略して카톡（カトㇰ）と呼ばれるメッセンジャーアプリが使われていますが、このアプリでは未読の人数がメッセージの下に表示されるので、「1が消えない ＝ 既読がつかない」ということになります。

アジㇰト　タㇷ゚チャンイ　オプソ

아직도 답장이 없어?

まだ返事ないの？

イリ　アン　オプソジョ

1이 안 없어져….

既読がつかない…。

POINT

「既読スルー」は읽고 씹기（イルコ シプキ／読んで無視すること）を略した읽씹（イㇰシㇷ゚）と言われています。

[いっしょに見よう]

같이 보자

カチ　ポジャ

Track 111

何かを見ている相手と、自分もいっしょに見たいとき、日本語では直接「見せて」と言うことが多いですが、韓国語では같이 보자（カチ ポジャ／いっしょに見よう）と言って「見せて」のニュアンスを伝えることがあります。

イ　ヨンファ　ポルソ　オティティエ　プルリョンネ

이 영화 벌써 OTT에 풀렸네.

この映画もう配信されてるね。

カチ　ポジャ

같이 보자.

いっしょに見よう。

POINT

ネットフリックスなどの配信サービスを、韓国語ではOTTと言います。

[話したいことがたくさんあるんだ]

하고 싶은 이야기가 많아

ハゴ　シプン　イヤギガ　マナ

Track 112

直訳すると「話したい話が本当にたくさん」です。「話したいことがあるんだ」は하고 싶은 이야기가 있어(ハゴ シプン イヤギガ イッソ)と言います。

ハゴ　シプン　イヤギガ　マナ

하고 싶은 이야기가 많아.

話したいことがたくさんあるんだ。

イヤギヘ　ポァ

이야기해 봐.

話してごらん。

POINT

이야기(イヤギ)は、短く얘기(イェギ)とも言います。

[落ち着く～]

여기가 편해～

ヨギガ　ピョネ

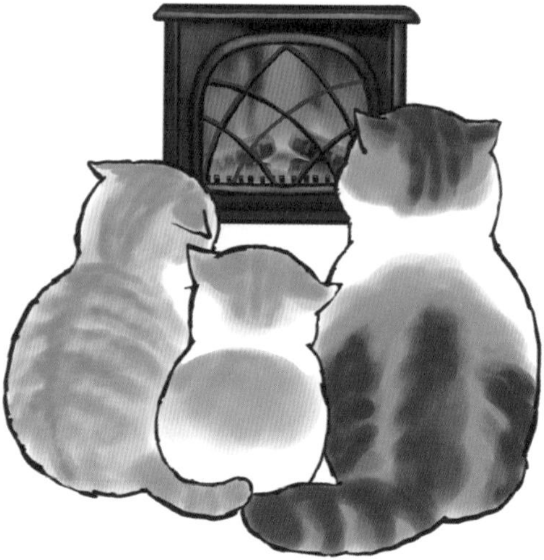

Track 113

直訳すると「ここが楽～」です。편해（ピョネ）は、体が楽なだけでなく、気楽だという意味でも使えます。

ヨギガ　ピョネ

여기가 편해～.

落ち着く～。

ピキョ

비켜～.

どいて～。

POINT

「気持ちが楽だ、気楽だ」というときは마음이 편해（マウミ ピョネ）と言います。

［ ここがお気に入りの場所なの ］

여기 내 최애 자리야

ヨギ　ネ　チュエエ　チャリヤ

Track 114

최애（チュエエ）は「最愛」という意味で、최애 메뉴（チュエエ メニュ／お気に入りのメニュー）、최애 펜（チュエエ ペン／お気に入りのペン）のように使われます。

ヨギ　ネ　チュエエ　チャリヤ

여기 내 최애 자리야.

ここがお気に入りの場所なの。

チョプチ　アナ

좁지 않아?

狭くない？

POINT

「お気に入りのアイテム」を최애 아이템（チュエエ アイテム）と言いますが、これを略した최애템（チュエエテム）という言葉もよく使われます。

［ 大丈夫？ ］

괜찮아?

クェンチャナ

Track 115

괜찮아（クェンチャナ／大丈夫）は、ていねいに言うと괜찮아요（クェンチャナヨ／大丈夫です）となります。日本語と同じく「大丈夫」以外にも「問題ないです」「構いません」という意味でも使うことができます。

クェンチャナ
괜찮아?
大丈夫？

アン　クェンチャナ
안 괜찮아....
大丈夫じゃない…。

POINT

やんわり断るときに、괜찮아요（クェンチャナヨ／大丈夫です）と言うのも日本語と同じです。

[ちょっと話聞いてくれる？]

이야기 좀 들어 줄래?

イヤギ　チョム　トゥロ　ジュルレ

Track 116

들어 줄래？（トゥロ ジュルレ／聞いてくれる？）は、부탁 하나만（プタㇰ ハナマン／お願い1つだけ）や내 고민（ネ コミン／私の悩み）を前につけて言うこともできます。

イヤギ　チョム　トゥロ　ジュルレ

이야기 좀 들어 줄래?

ちょっと話聞いてくれる？

クロㇺ　タンヨナジ

그럼, 당연하지.

うん、もちろんだよ。

POINT

그럼（クロㇺ）は「もちろん、そうだとも」、당연하지（タンヨナジ）は「当然だよ」という意味です。

[すごくきれいだね]

너무 예뻐!

ノム　イェッポ

Track 117

韓国語では「きれい、美しい、かわいい」を예뻐（イェッポ）で表すことが多いです。それぞれに対応する韓国語もありますが、ひとまず예뻐だけ覚えておけば大丈夫です。

ノム　イェッポ
너무 예뻐!
すごくきれいだね！

ニガ　ト　イェップンゴル
네가 더 예쁜걸.
あなたの方がきれいだよ。

POINT

日本語で「かわいい」と表現する場面でも、옷이 예뻐（オシ イェッポ／服がかわいい）、얼굴이 예뻐（オルグリ イェッポ／顔がかわいい）のように예뻐（イェッポ）を使うことが多いです。

[ゆるして〜]

한 번만 봐줘~

ハン　ボンマン　ポァジュォ

Track 118

直訳すると「一度だけ見逃して」です。おねだりするようなニュアンスもあるので、本当の意味で許しを乞うときは용서해 주세요（ヨンソヘ ジュセヨ／許してください）と言いましょう。

ハン　ボンマン　ポァジュォ
한 번만 봐줘~.
ゆるして〜。

イボンマニヤ
이번만이야.
今回だけだよ。

POINT

이번만이야（イボンマニヤ）は、이번만 봐줄게（イボンマン ポァジュルケ／今回だけ見逃してあげる）と言ってもいいでしょう。

［ ないしょだよ ］

비밀이야

ビミリヤ

Track 119

韓国語で「ないしょ」は비밀（ピミル／秘密）と表現します。

ビミリヤ
비밀이야.
ないしょだよ。

ピミル　コク　チキルケ
비밀 꼭 지킬게.
秘密、絶対守るね。

POINT

너한테만 말하는 거야（ノハンテマン マラヌン ゴヤ／君にだけ言うんだよ＝ないしょだよ）という言い回しもあります。

［ ハッ！ ］

헉!

ホク

Track 120

헉(ホク)は、突然の事や、びっくりするような知らせを聞いたときのリアクションです。

ホク
헉!
ハッ！

オッチョジ
어쩌지?
どうしよう？

POINT

似たリアクションに헐(ホル)がありますが、これはおどろいたり呆れたりするときに使います。

［ え？ どうしたの？ ］

어? 왜 그래?

オ　ウェ　クレ

Track 121

直訳すると「どうしてそうなの？」です。무슨 일이야?（ムスン ニリヤ／何ごと？）も「どうしたの？」という意味で使える表現です。

オ　ウェ　クレ

어? 왜 그래?

え？ どうしたの？

ウン　ムォガ

응? 뭐가?

え？ なにが？

POINT

相手の表情が暗いときに言う定番フレーズに、표정이 왜 그래?（ピョジョンイ ウェ クレ／表情がどうしたの？）があります。

［ 私も仲間に入れて～ ］

나도 끼워 줘~

ナド　キウォ　ジュォ

Track 122

끼워 줘（キウォ ジュォ）の元になっている끼우다（キウダ）という単語は「挟む、差し込む、はめる」などの意味があります。

ナド　キウォ　ジュォ

나도 끼워 줘~.

私も仲間に入れて～。

アラッソ　キウォ　ジュルケ

알았어, 끼워 줄게.

わかった、仲間に入れてあげる。

POINT

「（仲間に）入れてあげる」は끼워 줄게（キウォ ジュルケ）と言います。

［ 手伝ってくれるの？ ］

도와주는 거야?

トワジュヌン　ゴヤ

Track 123

元になっているのは도와주다（手伝う、助ける）という単語。도와줘（トワジュォ／手伝って、助けて）、도와주세요（トワジュセヨ／手伝ってください、助けてください）などの表現があります。

トワジュヌン　ゴヤ

도와주는 거야?

手伝ってくれるの？

イゲ　ムォ　テダナン　ゴラゴ

이게 뭐 대단한 거라고.

そんな大したことじゃないよ。

POINT

이게 뭐 대단한 거라고（イゲ ムォ テダナン ゴラゴ）は直訳すると「これが何の偉いことかって」となります。

[任せて!]

맡겨 둬!

マッキョ　トゥォ

Track 124

直訳すると「任せておいて!」です。

マッキョ　トゥォ
맡겨 둬!
任せて!

プラナンデ
불안한데?
不安なんだけど?

POINT

「私に任せて」は나한테 맡겨（ナハンテ マッキョ）と言います。

[プレゼントです！]

선물이에요!

ソンムリエヨ

Track 125

韓国語で「プレゼント」は선물（ソンムル）と言います。「誕生日プレゼント」は생일 선물（センイル ソンムル）、「サプライズのプレゼント」は서프라이즈 선물（ソプライジュ ソンムル）です。

ソンムリエヨ
선물이에요!
プレゼントです！

コマウォヨ
고마워요.
ありがとうございます。

POINT

선물（ソンムル）は「プレゼント」の他に、「お土産」という意味もあります。

[似合ってる！]

너한테 딱이야!
ノハンテ　タギヤ

Track 126

直訳すると「君にピッタリだ！」です。딱（タㇰ）は「ちょうど、ぴったり」を表す言葉で딱 맞네（タン マンネ／ぴったり合うね）、딱 좋네（タㇰ チョンネ／ちょうど良いね）というように、よく使う言葉です。

ノハンテ　タギヤ
너한테 딱이야!
似合ってる！

チョンマル　イゴルロ　ハルカ
정말? 이걸로 할까?
本当？ これにしようかな？

POINT

딱（タㇰ）は「ぱったり、いきなり」「きっぱり、すっかり」という意味もあり、さまざまなシーンで登場する言葉です。

Track C-9

お菓子の名前

クァジャ イルム
과자 이름

モピン
머핀

マフィン

トノッ
도넛

ドーナツ

シュクリム
슈크림

シュークリーム

マカロン　トゥンカロン
마카롱 / 뚱카롱

マカロン／トゥンカロン

アイスクリム
아이스크림

アイスクリーム

パルペ
파르페

パフェ

INDEX

さくいん

あ

か

さ

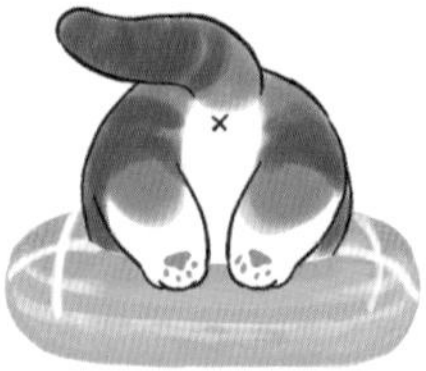

な

は

ま

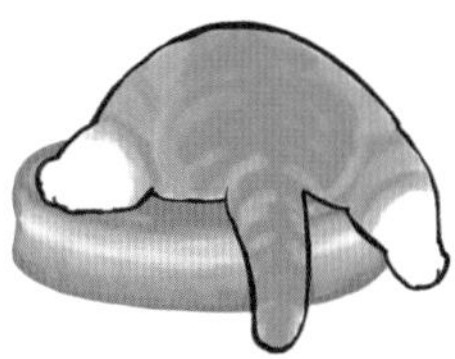

イラスト　ぢゅの
監修　株式会社スパイラルキュート

装丁・本文デザイン　鈴木章、小松礼（skam）
DTP　尾本卓弥（リベラル社）
執筆協力　HANA
録音協力　キム・ソン、キム・ジス
校正　白尚憙、尹ボラ、合田真子
編集人　安永敏史（リベラル社）
編集　中村彩（リベラル社）
営業　津村卓・竹本健志（リベラル社）
広報マネジメント　伊藤光恵（リベラル社）
制作・営業コーディネーター　仲野進（リベラル社）

編集部　木田秀和
営業部　澤順二・津田滋春・廣田修・青木ちはる・持丸孝

mofusandの韓国語会話

2024年8月26日　初版発行

編　集　リベラル社
発行者　隅田直樹
発行所　株式会社 リベラル社
〒460-0008 名古屋市中区栄3-7-9 新鏡栄ビル8F
TEL 052-261-9101　FAX 052-261-9134
http://liberalsya.com
発　売　株式会社 星雲社（共同出版社・流通責任出版社）
〒112-0005 東京都文京区水道1-3-30
TEL 03-3868-3275

印刷・製本所　株式会社 シナノパブリッシングプレス

ISBN978-4-434-34297-4　C0087